션 테일러 글

문예 창작 강의를 해 온 선생님이자 동화 구연가, 아동문학 작가입니다.
지은 책으로는 2009년 로알드 달 아동문학상 최종 후보작이었던 《보라반 악동들–스웨터 소동》,
한나 쇼와 같이 작업한 《악어가 최고야》 등이 있습니다.

한나 쇼 그림

좋은 평가를 받고 있는 그림 작가입니다. 그린 책으로는 션 테일러와 같이 작업한 《악어가 최고야》,
《곱슬머리 회색 곰》 등이 있고, 그 외에도 많은 책에 그림을 그리며 활발하게 활동하고 있습니다.

곽정아 옮김

대학에서 영어영문학을 공부했고, 아동문학에 관심이 많아서 외국의 좋은 아동 책을 우리나라 말로 옮기는 일을 하고 있습니다.
옮긴 책으로는 《더러워지면 좀 어때》, 《공룡은 팬티를 좋아해》 등이 있습니다.

지구를 지키는 가장 완벽한 방법!

션 테일러 글 | 한나 쇼 그림 | 곽정아 옮김

초판 7쇄 2023년 2월 7일

펴낸이 모계영   **펴낸곳** 가치창조

출판등록 제406-2012-000041호
주소 경기도 고양시 일산동구 중앙로 1347 쌍용플래티넘오피스텔 228호
전화 070-7733-3227   **팩스** 02-303-2375   **이메일** shwimbook@hanmail.net
ISBN 978-89-6301-176-9 (77840)

WE HAVE LIFT OFF

Text copyright © Sean Taylor
Illustrations copyright © Hanna Shaw
First published in Great Britain by Frances Lincoln Limited,
4 Torriano Mews, Torriano Avenue, London NW5 2RZ
All rights reserved.

Korean translation copyright © 2013 Gachi-Changjo Publishing Co.
This edition is published by arrangement with Frances Lincoln Limited,
London through Kids Mind Agency, Seoul.

이 책의 한국어판 저작권은 키즈마인드 에이전시를 통해
Frances Lincoln Limited와 독점 계약한 도서출판 가치창조에 있습니다.
저작권법에 따라 한국 내에서 보호를 받는 저작물이므로 무단 전재와 복제를 금합니다.

가치창조 공식 블로그 http://blog.naver.com/gachi2012
단비어린이는 가치창조 출판그룹의 어린이 책 전문 브랜드입니다.

제조자명: 가치창조   제조국명: 대한민국   사용연령: 7세 이상
KC마크는 이 제품이 공통안전기준에 적합하였음을 의미합니다.

지구를 지키는 가장 완벽한 방법!

션 테일러 글 | 한나 쇼 그림 | 곽정아 옮김

단비어린이

반대로 아저씨네 집은
크게 지었어요. 헛간보다

더 크게
더 더 크게!

우리는 화가 나서
도저히 참을 수가 없었어요.

그래서 우리는 태너 아저씨 몰래
우리들끼리 회의를 열었어요.

그리고 앞으로 어떻게
할지 결정했지요.

우리는 우주선을 만들어 깨끗하고
아름다운 별로 도망치기로 했어요.

어려운 계획이었어요. 하지만 계획이
성공한다면 소문이 퍼져 전 세계
동물들이 우리를 따라 할 수 있겠지요.
솔직히 우리 동물들은 지금까지 지구에서
인간들과 같이 살기 위해 열심히 노력해 왔잖아요?

돼지 박사가 우주선을 만들었어요. 돼지 박사는 우주선이 우리 모두를 실을 만큼 튼튼하다고 했어요. 하지만 누군가 먼저 우주선에 타고 별에 다녀와야 한다고 말했지요.

그래서 내가 그 일을 하기로 했어요.

나는 우주에서 신을 장화와 헬멧, 지도를 받았어요. 그리고 평생 먹어도 될 만큼 많은 콘플레이크도요.

우주선에는 '출발' 버튼과 '비상 착륙' 버튼이 있었어요.

출발

비상 착륙

돼지 박사가 '비상 착륙' 버튼은 정말 급할 때에만 누르라고 했어요.

처음에는 모든 것이 잘되어 갔어요.
나는 지구에 있는 비행 감독과
무선으로 연락을 주고받으며
별을 향해 잘 가고 있었지요.

그러다 문제가 생겼어요.

내가 지도를 거꾸로
들고 있었던 거예요.

아이쿠! 이런!

갑자기 우주선이 지구를 향해
돌아가기 시작했어요.

"안 돼! 돌아오면 안 돼!" 비행 감독이 외쳤어요.

하지만 이미 늦었어요.
우주선은 길을 잘못 들었고
이제는 내려오는 길
하나밖에 없었어요.

다시
5, 4, 3, 2, 1…
출발!

태너 아저씨네 농장의 뿌연 연기와
안개를 헤치고 토끼가 높이높이 올라갔어요.

처음에는 모든 것이 잘되었어요.
토끼는 별을 향해 잘 가고 있었지요.

그런데 문제가 생겼어요.

토끼가 조금 긴장을 한 거예요.

어휴~ 떨려!

그러더니 토끼가 갑자기 당근을
허겁지겁 먹기 시작했어요.

그러다가 토끼 머리가 당근 상자에 끼고 말았어요. 앞이 안 보이는 토끼는 비틀거리다 운전대에 쿵 부딪혔어요. 그리고 **우주선은 되돌아오기 시작했어요.**

"안 돼! 돌아오면 안 돼!"

비행 감독이 소리쳤어요.

하지만 이미 늦었어요.
토끼는 상자에 머리가
낀 채 내려와야만 했어요.

첨벙!

모두 함께 지구를 떠나려면
시험비행에 반드시 성공해야 했어요.
이번에는 침착한 양이 우주선에 탔어요.

미안해요!

양도 우주에서 신을 장화와 헬멧,
지도를 받았어요. 그리고 머리가
들어가지 않을 만한 작은 양배추
상자 여러 개를 받았지요.

또다시
5, 4, 3, 2, 1…
출발!

양은 태너 아저씨네 농장의 흙먼지와
쓰레기로부터 멀리, 높이 날아갔어요.

처음에는 모든 것이 괜찮았어요.
양은 별을 향해 잘 가고 있었어요.

그런데 문제가 생기고 말았어요.

양이 잠들어 버린 거예요. 게다가 자다가
머리를 '비상 착륙' 버튼에 기대는 바람에

**우주선이 길을 바꿔
돌아오기 시작했어요.**

바로 그때,
태녀 아저씨가 시끌벅적한 소리가
어디에서 나는지 알아보러 왔어요.

그리고 그만 우리가 만든
우주선을 보고 말았어요.

아저씨는 웃기다고 생각했나 봐요.
우주선을 보고 막 웃더니
안을 들여다보는 거예요.
마치 아저씨 것인 양……

하지만 웃긴 건 아저씨였어요.
아저씨가 실수로 '출발' 버튼을 눌러 버렸거든요.

그래서
5, 4, 3, 2, 1…
출발!

우주선을 타고 지구를 떠나려고 했던
원래 계획은 이루어지지 않았어요.
하지만 오히려 더 잘됐지요.

태너 아저씨 소식은 널리 퍼졌어요.

이제 전 세계 동물들이 우주선을 만들어
태너 아저씨 같은 사람을 별로 보내 버리고 있어요.

그러니까 만일 당신이 우리 지구를
더럽히는 사람이라면 **조심하세요!**

**다음에는 당신이 지구를
떠날 수도 있으니까요!**